JN409256

시루떡

도서출판 채운재

시 루 떡

윤병운 시집

도서출판 채운재

머리말

푸른 하늘 흘러가는 구름 한 조각 바라보면서 고향을 더듬어 봅니다. 저녁노을 짙어지고 밥 짓는 저녁연기 모락모락 피어오르면 들녘에서 일을 마치고 워낭소리 밟으며 집으로 돌아오는 농부의 흙냄새 땀에 젖은 베적삼이 자랑스럽게 느껴집니다. 쉬지 않고 흘러가는 시냇물처럼 나를 사랑했던 옛정은 모두 가버리고 정을 주던 빈자리에 눈물만 남았습니다. 일찍 부모를 여의고 가엾은 손자를 그토록 사랑했던 할머니 기다리다 지쳤는지 무덤가에 꼬부라진 할미꽃으로 나를 반기고 있었습니다.

뻐꾹새 우는 소리를 슬픈 새로 착각하고 살아온 덕분에 시를 쓰게 되었고 슬픈 언덕을 넘는 모든 사람과 함께하다 보니 서울특별시 민방위 강사가 되어서 감정에 호소하는 강의를 하게 되었습니다. 기회가 와 준다면 정에 그리워 목말라 하는 이웃에게 시루떡 잔치를 하고 싶습니다. 시루떡은 고향의 정이요 이웃의 정이요 어머니의 정입니다. 시루떡 5만 시루를 민족에게 사랑과 정을 나누고 싶어 하나님께 기도하고 있습니다.

산자락에 해 질 때면 산 비둘기 집을 찾고 황소굴레 풍경소리 농부와 함께 집으로 돌아오는 고향의 흙냄새가 그리워집니다. 방운아 가수님의 노랫말에 **"세상을 살 수 있는 황금을 준다 해도 보리밭 갈아주는 얼룩소만 못 하더라."** 마음의 부자가 아니고서는 느낄 수 없는 자유로운 천지에 살아가는 우리의 고향노래 **"내 맘대로 토끼들과 얘기도 하고 내 노래 곡조 따라 세월도 간다."** 마음의 풍요로움을 자랑하며 서로 위해주는 이웃의 정, 민족의 정을 나눌 수 있는 복지국가의 승리 한날이 이루어질 때까지 글을 쓰고 사랑과 건강 강의로 모든 사람에게 행복의 웃음을 안기어 주고 싶습니다. 행복하려면 물욕 탐욕을 버리고 마음을 비우며 흘러가는 물처럼 순리를 깨닫고 베풀면서 살아가는 삶이 최고의 행복이란 것을 느꼈습니다.

비 새는 방안에 우산을 받쳐 쓰고 앉아 있는 황의 정승 아내가 비새지 않는 집에서 살고 싶다고 말하자 우산 없는 집을 생각하자는 여유로운 말씀을 다시 한 번 새겨 보면서 가난하고 어렵게 살면서도 이웃끼리 도와가며 아픔을 같이 하고 같이 울고 웃던 고향의 정은 산해진미의 화려한 대접보다 쑥개 떡 한 조각이 더 정겨웠던 시절을 그리워하고 있습니다.

시루떡 시집 발간에 심혈을 기울여주신 신상성교수님과 양상구 발행인님께 감사를 드립니다. 항상 힘이 되주시고 위로와 평안함을 주시며 소망의 길로 인도해 주시는 하나님께 큰 감사를 드립니다.

저자 **윤 병 운** 드림

차 례

1부. 비에 젖은 민들레

장날 · 13
보릿고개 쑥 개떡 · 14
아버지 · 15
비에 젖은 민들레 · 16
허송세월 · 18
보릿고개 · 19
장마철 모내기 · 20
사랑하는 아내 · 22
어머니 · 23
어머니 기일 · 24
하늘에서 아들에게 · 25
할미꽃의 슬픈 사연 · 26
고개 숙인 할미꽃 · 27
사랑하는 경미에게 · 28
천 년을 사는 학 · 30
쓸쓸한 설날 · 31
보름달 · 32
바위 위에 소나무 · 33
꼬부라진 할미꽃 · 34
장돌뱅이 인생 · 35

황매산 철쭉제 · 36
오월 · 37
영원한 사랑 · 38
당신 · 39
쌍곡 계곡 · 40
청량산 소나무 · 41
동양화 · 42
외도에서 · 43

2부. 하늘 마음 장미꽃

해돋이 · 47
꽃꽂이 · 48
봄바람 · 49
커피 · 50
기쁜 날 · 52
사랑의 메시지 · 54
봄 · 56
봄볕 · 57
봄 처녀 · 58
새 봄날 · 59
감동의 소낙비 · 60
지는 해는 가고 · 61
하늘 마음 장미꽃 · 62

용추폭포 · 63
중국 장가계 천문산 1 · 64
중국 장가계 천문산 2 · 66
송은사 새벽 · 67
홍천 팔봉산 · 68
찬 서리 내리기 전에 · 69
가을 전어 · 70
쓸쓸한 가을 · 71
단풍 · 72
늦가을 · 73
노점장사의 계절 · 74
정월 초하루 · 75
나의 고향 1 · 76
나의 고향 2 · 77
흰 눈 · 78
황혼의 결실 · 79
황혼의 세월 앞에서 · 80

3부 하늘 마음 장미꽃

목포 · 83
맹세 · 84
당신의 사랑 · 85
당신의 품속 · 86

가지 마소 · 87
바람 같은 사람 · 88
어둠에서 만난 등불 · 89
이별 뒤에 만남 · 90
연어의 일생 · 91
인생 · 92
정은이에게 1 · 93
정은이에게 2 · 94
천상의 기쁨 · 95
목련 생각 · 96
바다 사랑 · 97
사 량 도 · 98
윤준필 입대 축하 시 · 99
한국 마트 창립 1주년 축하 시 · 100
6.25 · 101
현충일 · 102
황이 정승 여유 · 103
황도 복숭아 · 104
김삿갓 참회의 눈물 · 105
새하얀 세상 · 106
정을 주던 빈자리 · 107
임 1 · 108
임 2 · 110

4부 웃음을 잃어버린 당신

하늘 가는 길을 찾아라 · 113
웃음을 잃어버린 당신 · 114
하나님 · 118
웃음의 기도 · 119
하늘 소낙비 · 120
햇곡식 · 121
욕심 · 122
주님, 사랑합니다 · 123
성탄절 기도 · 124
강화 마니산 · 125
미움의 세계 · 126
타락의 한 · 127
의인 노아 방주 · 128
잃어버린 한 마리 양을 찾아 · 129
아브라함의 순종 · 130
부처가 되는 길 · 131
석가 탄신일 · 132

작품해설 –신상성 · 135

1부
비에 젖은 민들레

장날

새벽잠 설치며
그리운 얼굴들 차곡차곡
모시 적삼 걸치고 장으로 간다

동동구르무 각설이 엿장수
눈이 바쁘다
생선 전 어물 전
동전 몇 잎 어림없다

해는 기울고 허리띠 헐렁하다
국밥집 아줌마 너스레 떨지만
오랜만에 만난 사돈영감
대접 못한 것이 영 서운하다

달걀꾸러미 팔은 돈
간직하기 힘든 하루
늙은 어미 좋아하는 조개젓
발걸음이 가볍다

보릿고개 쑥 개떡

놀랜 꿩 눈 돌리며 응시하듯
아랫목 누워있는 어린놈
윗목에 앉아 있는 큰놈
한결같이 어미만 쳐다본다

이 봄에 저놈들
무엇으로 배를 채울까
쑥 삶아 밀 한 줌 맷돌에 갈아 넣고
쑥 개떡 쪄 놓으니

아이고 엄니 살 것 같소
큰놈의 배부른 자랑이다
사흘 만에 먹여주는 어미 마음
오늘 밤은 환한 달이
가슴으로 파고든다

아버지

아버지가 졸고 있다
아버지의 멍에가 무거운 듯
고개를 숙이고 졸고 있다

먹이를 물어 나르는 어미 새처럼
땀에 젖은 날개를 퍼덕이다
잠이 들었나

가족의 가방 짊어지고
아버지가 졸고 있다
늦은 밤 지하철에서

비에 젖은 민들레

벌거벗은 민들레가
비에 젖어 떨고 있다
어둑어둑 밤은 깊어만 가는데
노점장사 어머니는 별을 세고 있다
큰놈 작은놈
삼 개월 밀린 육성회비 줘야 하는데
걱정이 태산 같다

새벽 닭 울음소리 잠에서 깨어
찬밥 한술 물 말아 먹고
오이 몇 개 호박 몇 개
시장 모퉁이에 전을 편다
세찬 비바람 피할 줄도 모르고
쪼그리고 앉아서
오직 한길 자식 걱정

남의 인생 살아온 삶
지금은 민들레 홀씨처럼

멀리 날아가셨다
별이 있는 하늘나라로
어머니! 비 오는 날이면
가슴이 저려 옵니다
비에 젖은 민들레를 바라보면서

허송세월

고기도 없는데
그물도 없는데

빈 배에 홀로 서서
석양이 지는데도
노인 혼자 서 있네

세월을 잡을 건가
서산에 걸린 해가
급하다고 하는데
젖은 옷은 언제 말리나

보릿고개

배고파 우는 아이
빈젖 물려 재워놓고

풋보리 익거들랑
배불리 먹여주마
달래 보지만

삼사월 긴긴날
배고픔 어이 견디리

아이는 밥 달라고
칭얼대는데

새파란 풋보리는
언제 익을까

뻐꾹새 울음마저
처량하구나

장마철 모내기

젖은 옷 곰팡이 핀
잠뱅이 걸쳐 입고

새벽 닭 잠 깨우니
논으로 달려간다

타들어 가는 긴 가뭄
한숨 소리 들리었나

천둥 치고 벼락치고
신바람 몰고 온 소낙비

삿갓 다랭이 쟁기질
황소걸음 빨라지고

구부러진 허리
한 올 한 올 꿈을 심는다

어둠이 길을 막아도
워낭소리 밟으면서

돌아오는 아비의 머리 위에
하얀 달이 비틀비틀

사랑하는 아내

어둔 밤 한 줄기 빛이어라
영원히 지지 않는
사랑의 꽃이어라

세상에 없는
마음을 가지고 있는 자
천 년을 간직할
불변의 마음이어라

그 마음 어둠을 밝히는
희망의 등불 되리라
네가 있어 내가 행복하고
나는 빛나는 태양 되리라

이제부터 우리는
사랑의 빛이 되어
행복을 나눠 주리라

어머니

작은 가슴에 눈물 보이기 싫어
살며시 바람 따라 가버린 추억

차가운 세월 지나고 나서
품 안의 온기를 더듬어본다

철없이 마당에서 뛰어놀던 날
엄마라는 이름만 남겨 놓고서

찬바람 가려줄 가슴도
언 손 녹여줄 품 안도

틀다 말은 둥지를
삭풍에 매달아서

구름 넘어 하늘길 바쁘게 가셨다
이십구 세의 젊은 나이로

어머니 기일

54년 전 소낙비 내리던 여름
철모르고 마당에서 뛰어놀던 날
29세의 젊은 나이로
엄마는 그렇게 가셨어요

천지가 뒤집어지는 날
눈물을 닦아줄 치마폭도
따스한 가슴도
다 가지고 가셨어요

엄마라고 부를 수 있는
이름만 남겨놓고서
세찬 바람 혼자서 감당하라고

엄마 보고 싶어요!
나 지금 울고 있어요
손뼉 쳐줄 사람이 그리워요
엄마가 쳐 주세요
꼭 그날을 만들게요

하늘에서 아들에게

새벽길 떠나는 마음
세상을 잊고 싶어
먼 길을 떠나네
가도 가도 끝이 없지만
하늘의 부르심을
마다할 건가
젊은 나이 29세
머물고 싶지만
천명天命이 다 한걸
욕심부려 될 일인가
그래도 가는 길이
영광을 안겨주어
편히 가서 잘살고 있네
고마운 아들아
사랑한다 아들아

할미꽃의 슬픈 사연

빼꾹새 울던 밤에 보고 싶어서 울던 임아
정 주던 빈자리에 할미꽃만 슬피 우네
긴 세월 설한풍을 어이하여 견디었나
바람도 울어 버린 할미꽃의 슬픈 사연

한 많은 고개 넘어 눈물의 강 건너왔나
어둔 밤 별도 울던 험한 산길 넘어올 때
자식들 잘되라고 소원 빌던 어머님아
그 품속 어디 갔나 할미꽃만 피었구나

고개 숙인 할미꽃

사나운 길 걸어왔나
가시 찔린 몸이었네

고생 짐 짊어지고
눈물의 강 건너왔나

눈가에
이슬이 맺혀 있네

한 많은
고갯길 넘어왔는가

허리마저 굽어서
할미꽃 되었네

누구를 기다리다 지쳤는가
고개마저 숙였구나

사랑하는 경미에게

좋아한다 사랑한다
그 이상의 단어가 있다면
너에게 말해주고 싶단다
너는 나만을 위해 태어난 사람
네가 가진 그 무엇하나 네 것이 없이
나에게만 주고 싶은 사람

수많은 속상함도 괴로움도
나를 위로 못한 미안함 때문에
눈물짓던 너의 모습이
하늘에서 내려온 사랑의 주인이
바로 너였다고 말하고 싶다

이제 나의 모든 것을
너에게 바칠 때라고 다짐한다
내가 할 수 있는 생각에서부터
세포 하나라도 움직여서
고난의 자리도 마다않고
웃으면서 달려가리라

경미야 미안하다
네가 사랑하기 전에 내가 먼저 주지 못한
아쉬움이 가슴 아프다
사랑한다 영원히
그리고 너만을 위한 세월을
꼭 만들어줄게

천 년을 사는 학

천년 세월
말하는 시간이 아까워서
입 맞추고 살았네

우렁 한 개를 반으로 잘라
둘이서 소식했네

뜨거운 몸으로 건강 지키고
사랑으로 천 년을 살았네

쓸쓸한 설날

하늘에서
내려왔는데
보이지 않네

사랑의 흔적들만 울고 있고
그리움에 젖은 눈물은
보이지 않네

다시 돌아가리라
다시 돌아오리라
보고 싶은 마음이 어우러지는 날

뜨거운 가슴으로
손을 내밀 때
다시 오리라 하늘에서

보름달

세상을 재워놓고
밤새워 지켜주는 달

어둠을 몰아내고
밝은 마음 비춰주네

내 마음 방황할 때
환한 마음 심어주고
웃어주던 달

서산에 지기 전에
마음의 고향을 더듬어본다

바위 위에 소나무

발 디딜 땅도 없는데
마실 물이 어디 있으랴

바람이 가져다준
흙내음 맡고

하늘이 내려준
이슬 마시며

배고프고 목마르게
살아왔지만

하늘 향한 일편단심
불변의 마음으로

웃음 잃지 않고
천년송 되었구나

꼬부라진 할미꽃

양지바른 언덕 위에
쪼그리고 앉아서

부르다가 지쳤는가
꼬부라진 할미꽃

찾아올 나비도 없는데
찬 이슬 마다 않고

긴긴 밤새워본들
떠난 마음 다시 올까

불러 본 그 자리에
할미꽃 피었는가

허리마저
굽었구나

장돌뱅이 인생

세월을 욕하지 마라
늘어난 주름살이
뭘 그리 무섭다고

가던 길 돌아보면
엿 목판 두들기는
장돌뱅이 아니더냐

바람에 실려온
낙엽처럼

구름에 실려온
빗물처럼

운명 앞에 모여든 사람들

그래도 웃음이 있어
오늘이 즐겁지 않은가

황매산 철쭉제

황매산이 들썩들썩
꽃들이 함성을 지른다

하늘땅 정기 듬뿍 마시며
신랑 신부 꽃이불 만들었다고

손잡고 맹세했던 초심의 약속
지켜주는 그날이 되어 달라고

붉은 향기 토해내며
철쭉들의 꽃 나팔 울려 퍼진다

오월

오월 하늘에 웃음이 떴다
새가 웃는다 바람이 웃는다

웃다 지친 꽃잎은
바람 따라 가버리고

뽀얀 살결 내미는
어린것들은

어느새
푸른 가슴 활짝 열고

대지를 호령한다
푸른 세상 만들었다고

영원한 사랑

세월이 변해도
우리 마음은 변하지 않으리

천지가 변해도
우리 사랑은 변하지 않으리

해와 달이 빛을 잃어도
우리 둘은 하나로 남을 것이다

바닷물이 마르지 않는 한
우리의 사랑도 멈추지 않으리라

후세에 전해지는 말
세상에 없는
사랑의 길을 걸어갔다고

당신

산 까마귀 울어대니
검은 구름 따라 울고

비에 젖은 성난 산은
길손을 몰아낸다

나 어디로 갈까
탄식의 울타리에 서 있을 때

손잡아 주던 당신
당신이 있어 행복합니다

쌍곡 계곡

숨쉬기도 가파른
바위 언덕에

등 굽은 소나무
백 년 세월 말해주네

천 년 세월 비바람에
칼날같이 서 있는 바위
아픈 세월 잊었는가

바람에 노래하고
나무들 춤추네

눈으로 보기가 아까워서
세월에 흔적 가슴에 담아
외로운 마음 벗이나 삼을까

청량산 소나무

벼랑 끝에 매달려
타들어가는 목마름
구름이 흘려준 물 한 방울
목축이며
어렵게 살아가지만

바람 소리 새소리 같이 춤추고
밤이면
모여드는 산새들 품어 재우며

수많은 슬픔 이겨내고
변치 않는 태초의 마음
세상에 길이 남으리라

동양화

심산유곡의 별천지를
시성으로 받은 영감을 적셔
살아 있는 향기를 화폭에 담고

보고 싶은 고향
순결한 참세상을 그려주네

가냘픈 여인의 붓끝이 되었다가
천하를 호령하는 장군이 되어

험산 준령을 넘어
희망의 대지를 그리며

강하고 부드러움이
산고의 고통 속에
새 생명 탄생을 보는듯하구나

외도에서

하늘 꽃 모여 있는 천국의 동산
바다 위에 떠 있는 한 송이 천년화
영원히 피고 지고 아름다워라

산새도 들새도 바닷새도
어디서 왔는지 하늘 새 보러 왔나
귀한 옷 걸치고 목소리 가다듬어
천사의 노래를 부른다

신이 빚은 바위도 파도가 빚은 바위도
모두가 신의 형상 닮았구나

바람이 시샘해서 칼바람 스치었나
깎아지른 절벽 위에 소나무 키워놓고
천년세월 불변의 마음 후세에 전하노라

변치 않고 살아온 세월
바위처럼 소나무처럼
후세에 영원히 남아지련다

2부

하늘 마음 장미꽃

해돋이

바다를 태우고 솟아오르더니
하늘마저 태우는구나

붉은 햇살이여
내 마음에 불을 붙여 주소서

어두운 마음마다
불을 밝혀 주고 싶소

본향의 언덕 위에
밝은 해가 뜰 때까지

꽃꽃이

외로운 밤에 피어서
슬프게 자랐는데

찾아올 나비도 없고
웃어줄 바람도 없는데

나 하나만을 위해
소리 없이 피었구나

네 몸을 다 바쳐
나에게 바친 몸

무엇으로 보답할까
큰 꿈 꾸며 세상을 들어서

하늘 앞에 바치리라
하늘이 웃을 때까지

봄바람

겨울잠 깨어나니
버들강아지 눈 뜨고
뻐꾹새 울어댄다

훈풍에 꽃망울 터트리던 날
벌 나비는 왜 그리 바쁜가

향기 실은 꽃 바람이
처녀 가슴 두드릴 때
종달새 가슴만 설레게 하네

커피

첫사랑의 향내음
가슴으로 스며들 때

눈을 감고 당신의 입술을
더듬어 본다

한 모금 입안으로 흘러들어 갈 때
가슴속의 환상의 음성이 들려온다

답답함을 뚫어주고
잃어버린 추억을 찾아주는 당신

때로는 쌉쌀하면서도
달콤한 연인의 입술 같은 맛

비 오는 날이면 더욱더 그립고
바람 부는 날이면 따뜻한 가슴을 주는 당신

정을 주던 빈자리 채워주는 당신이여
당신은 좋은 친구이어라

기쁜 날

슬픈 눈물 흘리지 마라
해가 네 머리 위를 비추고 있잖니

어렵다고 생각하지 마라
꽃피는 봄날이 있잖니

비바람 불어도 걱정하지 마라
꼿꼿이 서 있는 저 소나무 있잖니

흘릴 눈물 위에 기쁨의 바다를 만들어봐라
파도가 칠 때마다 웃을 수 있도록

꽃피는 봄날에 벌 나비 되어 봐라
생명의 씨앗 만들 수 있도록

비가 오거든 사랑의 우산이 되어봐라
해맑은 미소를 만들 수 있도록

오늘이
기쁜 날인 것을 이제야 알았다.

사랑의 메시지

잠든 밤 홀로 앉아
웃음 만들어

이른 새벽 당신의 마음속에
행복 심어주고

희망 그린 입가에
웃음 주었네

새소리 바람 소리
잠재워 놓고

따뜻한 가슴으로 주는 선물
당신을 사랑합니다

귓가에서 가슴으로 전해줄 때
새 소망 담아 보답하리라

당신만을 위해 열심히 살겠습니다
밝은 아침이 축복의 미소를 보낸다

봄

겨울잠 깨어나니
버들강아지 눈 뜨고
뻐꾹새 울어댄다

훈풍에 꽃망울 터트리던 날
벌 나비는 왜 그리 바쁜가

향기 실은 꽃바람이
처녀 가슴 두드릴 때
종달새 가슴만 설레게 하네

봄볕

잠든 대지를 깨워준
부지런한 봄볕이여

긴 강물 녹여서
바다로 보내고

언 땅 녹여서
봄을 만들었네

푸른 꽃 들녘에서
바람은 산 위에서

춤추는 세상
봄볕이 만들었구나

봄 처녀

진달래 꽃 이불
산자락에 깔아놓고

붉은 이불
산마루에 깔아놓는다

언 땅 녹여서
꽃 이불 만들고

지는 해 붙잡아
붉은 이불 만들었다

봄 처녀 시집가는 날
꽃망울 터트렸는데

아지랑이 타고 오는가
신랑은 언제 오려나

새 봄날

꽃망울 터트리던 날
하늘의 무지개 영롱한 빛
사랑의 열매를 축복하네

봄날의 향기는
꽃잎에 나비를 불러오고
새벽이슬 꽃잎에 내려
수줍은 얼굴을 닦아준다

화사한 입술 꿀맛인데
벌 나비만 축제인가
나도 취해 향기에 잠이 들고
행복의 나라에서 단꿈을 꾼다

감동의 소낙비

추운 밤 지새우며
봄을 기다렸는데

꽃은 피었지만
언 땅이 겨울을 잡고 있네
훈풍 앞에 사라질 운명인데~
나에게도 봄은 왔지만
꽃샘추위가 나를 괴롭히네

천운의 바람이 불어오면
나는 승리의 꽃을 피우리라

감동의 소낙비가 되어서
메마른 가슴을 적셔 주리라

지는 해는 가고

밀려오는 파도를
생각 못한 것이
아픔의 시작인 것을

떠나는 마음 보고
깨닫는다

세상사 이별 아닌 게
어디 있더냐
잡을 수 없는 운명인 것을

미움 주고 가는 마음
나마저 미워하면
어둠이 나를 놓지 않는다

지는 해 가고 나면
아침 해가 찾아올 텐데

하늘 마음 장미꽃

꽃 중의 꽃 장미꽃
하늘색 붉은 꽃

장미가 피어날 때
어둠도 없어지나이다

마음의 사람이 찾아와서
어둠을 몰아내고
빨간 마음 심었나이다

가시 위에 피어 있는
빨간 장미를 보고
어려운 길 마다 않고
가시밭길 걸으며
빨간 마음 피어나게 하소서

용추폭포

물매로 맞은 자리
움푹 패여 웅덩이 만들고

바람이 스친 자리
갈라지고 찢기여

아픈 흔적 간직하고
천년세월 버티었나

설움 딛고 다시 일어선 우리
너도 이제 슬픈 눈물 거두고

감동의 폭포수 되어
웃음의 바다를 만들어 주게나

중국 장가계 천문산 · 1

하늘에다 줄을 매고
안개 타고 오르는 절벽

심산유곡을 지나
천 길 낭떠러지 오르다 보니
안개마저 숨이 차던가

바람마저 힘이 들어
오르지 못하는 곳
구름 위에 솟아난 천문산

천길 난간 위에 외길 하나 만들어 놓고
귀신만이 갈 수 있는 귀곡잔도
귀신인들 어찌 무섭지 않으리오

산을 뚫고 바위를 뚫어
하늘로 올라간 문
천문이라 하네

하늘 문 열려 있어 하늘 비 내리는가
항상 빗방울이 그치지 않고
안개 옷 입었는가 속살을 본 적이 없네

보일 듯 말듯 가려진 네 모습이
너를 사랑하게 하였구나

중국 장가계 천문산 · 2

칼바람에 시달려
살을 베고 깎아지른 칼바위

우뚝 서서 하늘을 바라본다
아픔인들 오죽하랴

서 있는 자태 변하지 않고
충성을 다짐하는가

불변의 소나무
잘도 키웠네

나도 너처럼 아픈 세월
말하지 않고

하늘 향한 일편단심
정성의 제물 되리라

송은사 새벽

새벽을 깨우는 풍경소리
사방은 어두운데
바람 혼자 흔들고 있네
선한 기쁨 전하려나
동쪽 하늘이 붉어져 오네
태양은 새 하늘을 열고
내 가슴속에 사무쳐 있네
가는 곳마다
뜨거움을 안겨주라고

홍천 팔봉산

홍천강 안개를 타고 절벽을 오른다
하늘로 올라가다 멈추었는지
깎아지른 봉우리마다 상처투성이
살아온 세월이 험난했구나

물이 없는 바위에서 배고픔을 참고
하늘만 바라보며 살아온 소나무
떠나간 임 그리워서 울부짖는 산새들
못다 이룬 소망이 한이 되었구나

이제 놓아 주게나
잡지 말고 놓아 주게나
팔봉산의 한을
홍천강 물 위에 흘려보내 주게나

찬 서리 내리기 전에

봄에 피는 꽃들은
오랜 기간 피어 있지만

늦가을에 피는 채송화는
얼마나 급했던지

아침에 피었다가
저녁에 지고 꽃씨를 여문다

주름진 얼굴에 새겨본다
무엇을 남기고 갈 것인가

가을 전어

전어가 돌아왔다
가을을 업고
등거리 잠뱅이
벗어놓고
접 저고리 걸치고 나니
썰렁한 바닷바람
훈훈하구나

전어야
가을 전어야
너 때문에
소주잔이 뜨거워진다
인정을 쌈 싸서
웃음을 쌈 싸서
가을의 정을
한입 먹어보련다

쓸쓸한 가을

청산이 붉은 옷 갈아입는 날
나비마저 서러워서
들국화 붙들고 우네
찬바람 막아줄 문풍지도
소리 내여 우는구나
썰렁한 달빛만
강물에 떠서 흘러가고
짝 잃은 기러기
너마저 가는구나
세월이 야속타
머리마저 흰옷으로
갈아입나

단풍

태양 떠다가 붉은 물들이고
구름 떠다가 노란 물들인다

세월 녹여서 추억을 만들고
바람이 흔들어 노래를 만든다

단풍에 젖은 산이 취해서 울면
옛 마음 불러본다 가슴 시린 사연을

늦가을

찬 서리 내리던 날
낙엽도 가버리고
바람마저 매서운데

외로운 들국화
늦가을 햇살에
정신을 차려본다

늙은 벌 한 마리
기운 없이 찾아와
젊은 날의 추억을
더듬어 본다

시들어 가는 들국화
꽃씨를 만져보고
너털웃음 속에
조용히 눈을 감는다

노점장사의 계절

찬바람 콧등이 시려
입을 막고 귀를 막고
눈만 뜨고 살아간다

오가는 사람들 표정을 읽으며
추위가 무서워 종이상자로
찬바람을 막아본다

어느새 세월은 저만큼
푹푹 찌는 여름날
그제야 겨울 내복을 벗는다

봄은 어디로 갔는가
노점장사의 계절은
겨울이 가면 여름이 온다

정월 초하루

선달 그믐밤
달빛마저 얼어붙었나

어두운 밤하늘에
살을 뚫는 바람만이
가슴을 울리는구나

피어나는 꽃망울
훈풍을 기다리는데
섣달 그믐밤
찬바람에 실려 보내고

정월 초하루
따스한 햇볕에
청운의 꿈
피어나게 하소서

나의 고향 · 1

망월산 망월산아
네 이름이 희망이냐
산 넘고 강을 건너
망월산에 올라보니
백마강 푸른 물이
뱃노래를 불러주고
증혜사 목탁소리
가슴 속에 저며오네

나의 고향 · 2

무량골 무량골은
내가 살던 고향인데
옛 마음 어디 가고
옛사랑은 어디 갔나
돌아온 고향인데
정든 사람 가고 없고
수수밭 새소리만
나를 울려주는구나

흰 눈

저 구름 속에 보화 있는 것을
하얀 눈송이 보고 알았네

곱기도 하여라
참 깨끗하여라

어두운 곳 없애주는
참 샘물 이여라

태초의 마음이
오늘 내려왔구려

깨끗한 몸 만들어
당신께 바치오리다

하얀 눈가루 되어
하늘의 마음 바치오리다

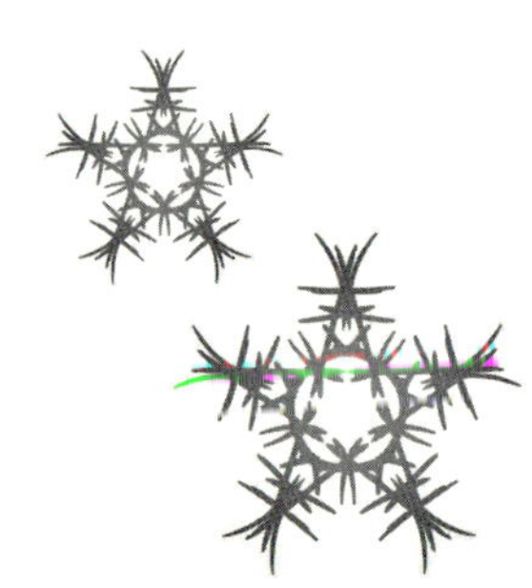

황혼의 결실

새벽 달 시리더니
찬바람 모여들고

어느새 나뭇잎 사라지려나
쪼그라진 얼굴로
바람 따라 가버린다

앙상한 가지마다
붉은 열매 남겨 놓고
웃음으로 가는가
슬픔으로 가는가

시린 달 기울고
젖은 옷 말리려나
가을 햇살 떠오른다

황혼의 세월 앞에서

구름은 달을 싣고
달려가는데

앞산에 진달래
피고지고 수십 돌

수줍은 분홍치마
억새풀에 찢기고

찬바람 등에 지고
석양 앞에 서 있네

한 송이 나팔꽃
피지도 못하고

저녁 해는 저 혼자서
서산을 넘네

3부
가지 마소

목포

파도가 울어대는 바다의 길옆에
가도 가도 끝이 없는 하늘을 이고
물과 흙이 나누어 사는 곳

세월에 얼룩진 항구의 사연도
가난에 찌든 육지의 애환도
이제는 모두 파도에 실려
넓은 바다로 흘려보내고

새 천지 새 시대가 열리는 목포
목이 터지도록 외치며 찾던 임
포옹하며 만나는 영원한 땅
목포여 사랑합니다

맹세

어둠을 뚫고 찾아온 새 아침
천운의 햇살로 나를 비추네
내 마음에 보름달이 뜨니
하늘의 운채가 나를 비추네
오늘은 감동의 눈물로
세상을 적셔 보리라

당신의 사랑

소낙비 내리던 날
우산 들고 서 있는 사람은 있는가

춘 겨울 언 손을 녹여줄
뜨거운 가슴은 있는가

가시 찔린 영혼을
잡아줄 품속은 있는가
당신의 사랑이 그립습니다

당신의 품속

좋아서 울었어요
그냥 눈물이 흘러서
자랑하고 싶어서
마냥 울었어요
한없는 기쁨이
가슴을 흔들어요
세상을 다 주어도
바꿀 수 없어요
그냥 이대로가 좋아요
감격의 눈물이
마르지 않는
당신의 품속이
영원한 안식처인 것을…

가지 마소

사랑하려다
사랑이 싫어서
가시려고 합니까
홀로 핀 꽃 서러워서
시린 눈물 못 보겠소
찬 서리 내리면
더 서러워서 가지 마소

바람 같은 사람

구름이 달을 가두고
심통을 부리네
세상을 온통 어둠으로 몰아넣고
혈기를 부리더니
살랑살랑 불어오는
바람결이
그리도 무서운가
도망가는 신세가 되었네
천하를 비추는 달 앞에
나는 바람이 되려 합니다

어둠에서 만난 등불

벼랑 끝에서
붉은 눈물 흘릴 때
손잡아 주던 너

살얼음 베고
잠 못들을 때
끓는 피 덮어주던 너

두 입술이 하나 될 때
새 세상은
문을 열어 주었다

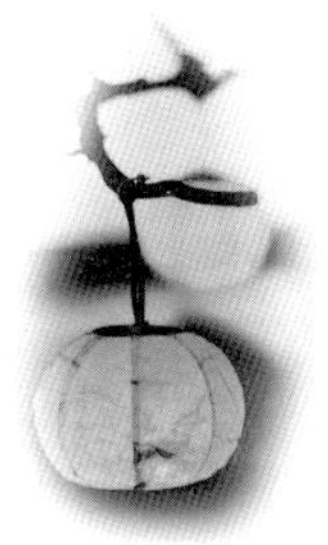

이별 뒤에 만남

단칸방에 있었네
그림자도 하나 되었네
마음인들 둘이던가
모두가 하나였었네
한때는 피살을 만들었지만
지금은 가고 없네
몸이 반을 잘라내는 아픔이던가

만난들 무엇하리오
쪼개진 마음이
무엇으로 하나 될까
사랑은 이미 가버렸는데
옛 마음도 흘러가면 세월이 아니던가
하늘만 바라본다
반겨줄 명분을 어디서 찾을까

연어의 일생

고향 땅 수만 리 길
목숨 걸고 찾아와서

산란의 기쁨도
가시기 전에

태어난 새끼 위해
사랑의 제물 되었네

고향 찾아오는 길
험난하지만

사랑 주고 가는 길
영원하리라

인생

고향 언덕 염소들이
풀 향기에 젖어 뛰어놀 때
나도 순이랑 같이 뛰었다
콩 껍질 속에 두 조각 콩처럼
우리는 둘이지만 하나였었다
비가 오면 같이 젖었고
눈이 오면 같이 맞았다
같이 병들고 같이 울었다
그런데 갈 길은 달랐다
이것이 인생이었나

정은이에게 · 1

춤추는 나비였었나
순백의 목련이었나
잔잔한 미소에
파도가 웃는다
어둠이 사라지고
보름달 다시 뜨면
목련의 미소를
나비 등에 실려 보냈으면

정은이에게 · 2

순백의 목련이 눈짓할 때
햇님도 부끄러워
구름 속에 숨어버렸나
잔잔한 미소에
별들이 웃는다
어둠이 없는 세계에서
희망의 아침이 되어본다
천년송 그 마음 가슴에 묻고
시련의 강물 감싸줄
바다가 되어라

천상의 기쁨

깊은 잠에서 깨어
세상을 보았네
두 사람이 있었네

슬픈 사람과 기쁨 사람
나는 슬픔 사람 곁에서
눈물을 닦아 주었네

그가 웃을 때
나는 천상의 기쁨을 느꼈네

그래서 나는
슬픈 눈물을 닦아주고 싶네

목련 생각

목련 꽃 떨어지던 날
노랑나비 날개 접고
눈시울이 붉어졌어요
첫사랑 목련이
그리웠던가
싱그러운 장미가
반기는데도
목련의 향수를 가슴에 안고
불러 봅니다 추억의 사랑을

바다 사랑

파도가 사랑을 고백하는가
잔잔한 미소로 바다에게 다가간다
간지럽게 만지는 바다의 얼굴
파도여 그리도 좋은가
노랫소리 은은 하게 은 물결 두드린다

일어나라 힘찬 물결 더 높이 더 넓은 곳으로
태평양 까지 달려가 보자
성내지 말고 잠든 바다를 깨워 보라
평화의 봄 바다에서
본연 땅 에덴을 일구어 보자

사 량 도

삼천포 앞바다
손바닥 위에 떠있는 섬

봄볕은 바다를 재우고
칼바람에 시달려온
촛대봉도 잠이 든 한낮

시샘하는 산 까마귀
발걸음 재촉하지만
화사한 꽃들이
가는 길 막아선다

갓 잡아올린 멍게 해삼
입맛을 돋우는데
삼천포 막 배는
빨리 오라 손짓하네

윤준필 입대 축하 시

사나이로 태어남도 축복인데

어둠의 세력 물리치고

장수의 길을 가는 군인의 자리

아~ 복된 길이여
바람을 가르며
진군의 나팔을 불고
승리자의 노래를 부를 때
민족은 그 품속에 잠이 듭니다

한국 마트 창립 1주년 축하 시

민들레 홀씨처럼
바람 따라 찾아온 곳

갈곶동 모서리에
한국 마트 심었네

바람 따라 흔들리며
저 소나무 살아가듯

세찬 바람 이겨내며
천년송 되리라

하늘에 해 뜨는 날
세상이 들어갈 둥지를 틀어

웃음의 잔칫상을
당신께 바치오리다

6.25

매서운 바람도 세월 앞에 잠이 들고
얼어붙은 산야도 봄 자락에 눈물 흘린다

그날을 생각하면 아비 잃고 어미 잃고
세상을 잃어버린 날

꽃피던 강산은
뼈를 깎는 얼음바다로 변했고

긴 한숨 태풍이 되어
분노의 소낙비 가슴을 적신다

이제 우리는 젖은 옷 갈아입고
별들의 미소 앞에 잠이 든다

가끔 멀리서 개 짖는 소리가 들려온다
배고픔의 앙탈인가 죄악의 앙탈인가

현충일

편안하게 자고 일어나
울었습니다
지켜주신 임의 넋이
고마워서 감사의 눈물을
흘렸습니다
나라가 어려울 때면
당신의 등불이 생각납니다
오늘은 현충일
당신의 미소가 그립습니다
하늘의 별과 함께
지켜주는 고마움에
머리 숙여 감사의 마음을 드립니다

황이 정승 여유

비 새는 방안에
우산 받쳐 쓰고

좋은 집 타령하는
마누라 푸념에

우산 없는 집
생각하라는

황이 정승
여유로운 말씀이

욕심 많은 나를
부끄럽게 하네

지금은 우산 없는
하늘에서 살고 있겠지

황도 복숭아

햇빛에 붓 적셔 붉게 칠하고
하늘에 붓 적셔 파란색 칠했나
세상에 없는 색깔이어라

아마도 천상의 여인이 하강했나
연지 곤지 볼에 찍고 시집가려나
미소의 이슬 머금고 수줍은 얼굴

그리도 부끄러운가 붉은 궁둥이
순결을 지킨 홍도인가
천상의 깊은 맛에 취해 버렸다

김삿갓 참회의 눈물

하늘 보기 부끄러워 삿갓 쓰고
개만도 못하다고 쉰밥을 먹고

팔도를 누비며 사죄의 길 걸었는가
풍류의 인생이라 누가 말했나

김삿갓 참회의 눈물이
영월 땅 시린 강물 되었구나

새하얀 세상

하늘이 불타오른다
저리 가도 붉은빛
이리 가도 붉은빛
활활 타오른다

땅 위에 검은 그림자
사라진 연기 속에 묻혀서
세상이 서려오네
새하얀 마음이 그리도 좋은데

세상만사 서려오는 가슴이
이다지도 기쁠 사
영원무궁 사려지리라

정을 주던 빈자리

저녁노을에 묻어 놓았나
황혼이 물들면 생각이 나요

저녁연기 구름과 만날 때면
행복의 꿈 그려봅니다

정을 주던 빈자리 가슴에 묻고
석양 따라 가버린 추억

노을 앞에 불러봅니다
어머니 !

임 · 1

크지도 못하면서
큰 것을 품고

가진 것도 없으면서
무한정 주는 사람

어디에서 왔을까
세상 밖에서 보냈는가

마음의
나라에서 왔는가

보면 볼수록 귀하고
만지면 만질수록 커지는 사랑

세상 사람 상처를
감싸 주려 오셨는가

당신의 따뜻한 손길이
하늘 손이었나 봅니다

임 · 2

바람이 싣고 왔나
구름을 타고 왔나
티 없이 맑은 마음
죄없이 가벼운 사람

보면 볼수록 아름다운 꽃 장미
마시면 마실수록 깊은 샘 생명수
메마른 가지에 꽃이 필 줄이야

당신이 오셔서
봄이라는 것을 알았습니다
당신은 훈풍이 되어
때 묻은 가슴을 벗겨주고
당신은 단비가 되어
찌들은 내 생각을 씻어 줍니다

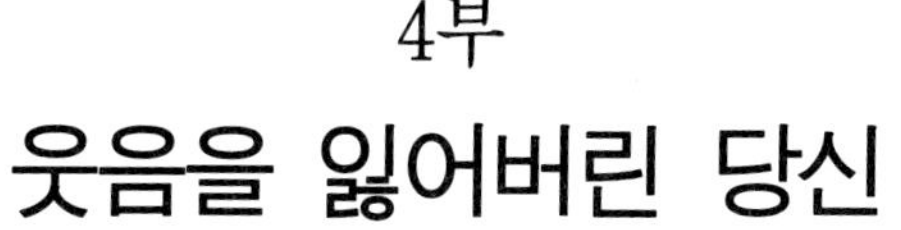

4부
웃음을 잃어버린 당신

하늘 가는 길을 찾아라

그리도 바쁘게
갈 데가 있는가
가고 보면
거기가 여긴데
어둠에서 바쁜들
원망만 쌓여가네
가야 할 길을 모르면서
새벽길 걸어본들
찬 서리 뼛골에 스미는데
태양도 없는 길을
어쩌자고 가는가

웃음을 잃어버린 당신

내가 불쌍하기 전에
당신은 더욱더 불쌍함을 느꼈고
내가 슬프기 전에
당신은 더욱더
슬픈 하늘임을 알았습니다

그렇게 한이 서린
하늘을 모시기 위하여
나는 눈물의 길을
자청하고 나섰습니다

아무도 돌아보지 않는 그 길을
외로움에 눈물을 흘리며
슬픈 상처를 이끌며
고난의 그 길을 걸어갈 때는
항상 당신이 같이 울어주며
위로하여 주는 따뜻함을 느꼈습니다

이 세상 사랑이 아무리 좋다 해도
당신의 눈물의 자리보다
못함을 알았고
부귀영화의 꽃다운 길도
불쌍한 하늘의 품속만
못함을 느꼈습니다

당신은 슬픈 하늘이기에
당신과 만날 때마다
항상 눈물로 상면했고
눈물로 대화했고 눈물로 노래했습니다

당신은 웃음 속에 나타나지 않았고
기쁨 속에 대화하지 못했고
웃음으로 노래하지 못했습니다

자식을 잃어버린 그 아픔이
얼마나 컸기에
눈물 속에만 나타났다가
웃음 속에는 사라지곤 합니까

기쁨과 영광 중에는 한 번도
당신을 만나보지 못하고
눈물이 흐를 때만 찾아와서
같이 울고 돌아가시는 당신

나는 당신을 기필코 웃겨 드리고
사랑에 도취되어
덩실덩실 춤을 추는
모습을 보고야 말겠습니다

노아 때도 울고
예수님 때도 울던 당신
이제는 영원히 당신 눈에서
슬픈 눈물을 거두소서

잃었다 다시 찾은 자식을 등에 업고
덩실덩실 춤을 추소서
기쁨에 취하여 깊은 잠을 자소서
영원히 안식하소서

하나님

가고파서 눈물 흘린다
그리워서 눈물 흘린다

보고 싶어 울고
만나고 싶어 울었다

초록의 잎에서
본향의 냄새를 맡고

이슬에 젖어
어미의 눈물을 깨닫는다

새끼를 잃어버린
사슴의 눈에서 눈물이 흐른다

자식을 잃어버린 부모의 마음을
세상아 너는 하늘을 아느냐

웃음의 기도

하나님 사랑합니다
항상 사랑합니다
보고파서 사랑합니다

아버지의 사랑이 그리우면
눈물이 납니다
눈물은 아버지의 소식이에요

아버지 눈물이 싫어요
웃음으로 만나요

무엇을 드려야 웃을 수 있을까
세상을 사랑해야 좋다고 하셨으니
오늘은 봉사의 삽을 메고
세상을 사랑할게요

아버지
오늘은 꼭 웃음으로 만나요

하늘 소낙비

하늘 문이 열렸나
땅이 찢어져라
폭포수 쏟아 붓는다

분노의 얼굴로
찌푸린 하늘 마음
깨끗한 세상 만들려나

쉬지 않고 퍼붓는다
죄에 찌든 세상
씻어주려나

내 마음속에 더러움도
씻어 주소서
하늘의 분노를 알았습니다

햇곡식

가을 햇살 따사로울 때
들녘에 황금 바다 파도를 친다

하늘이 뿌려준 단비를 먹고
사랑의 바람 열매 키울 때

노란 옷 갈아입고
공손히 머리 숙여
제물 되길 기다리네

욕심

청산에 욕심을 묻고
구름 위에 자고 왔는가
마음이 그리도 가벼우네

평생 가꾼 사랑 하나 가지고
하늘나라 갈 바엔
사랑이나 실컷 뿌려볼걸

공연한 욕심으로
세상만 울렸네

주님, 사랑합니다

예수님 십자가에 달리시던 날
강물은 눈물 쏟아내고
성난 바다는 대지를 삼켜 버릴 듯

세상은 온통 분노의 날이었다
바람은 잠든 대지를
쉬지 않고 때리고

검은 구름은 빛을 삼키고
통곡의 빗방울 토해낸다
천지가 뒤집어지던 날

아버지의 슬픔이 얼마나 컸던가
사흘 동안 눈 감으셨던 아버지,
이제 효자가 되어 당신을 사랑합니다

성탄절 기도

주님 검은 옷을 벗어버리고
밝은 옷으로 갈아입게 하소서

주님 마음의 부자가 되어
나눔의 사랑을 실천하게 하소서

주님 나로 하여금 많은 사람이
행복의 웃음꽃을 피우게 하소서

주님 이웃을 사랑하라는 당신의 뜻을
실천하는 하늘의 효자가 되게 하소서

강화 마니산

단군님 오시여 제사하시던 곳
그 많은 고난 속에 하늘길 열고
이 백성 탄생시키신 그 업적
길이 찬양하리라

흰옷 입은 백성 길으시고
하늘 섬기는 민족 만드시어
신천지의 새 세상을 출발하신 곳
영원히 그 업적 찬양하리라

미움의 세계

- 지옥

미움의 장벽 때문에
숨이 막혀 죽겠어요

용서가 없는 세계
무서워서 죽겠어요

나만 있고 상대가 없는
외로움의 세계
항상 음지에서 떨고 있어요

세상은 온통 어둠뿐이고
후회만 있는 곳입니다

타락의 한

거친 사막에 잡초를 삼은 것이
애당초 잘못인 것을
고통의 멍에를 보고 깨닫는다

어느 누가 행복한 삶을 살고 갔던가
원죄라는 타락의 한에 묶여서
벗으려고 고행길 가고 있지 않은가

순종하며 순응하며 살아보세
앞서 간 성인들의 발자취가 그랬듯이
잠든 밤 세상이 불쌍해서 눈물 흘려 보자 구려

의인 노아 방주

의인으로 부름 받고
방주를 짓던 날

뜨거운 햇살에
세상의 비웃음 되고

백이십 년 긴 세월에
뼛골마저 삭아 가는데

천명이 고마워서
눈물 섞어 피를 섞어
뱃머리 매만질 때

하늘이 기뻤던가
굉음의 소낙비가
천지를 덮었네

산 자와 죽은 자의 자리가
순종에서 시작되는 것을

잃어버린 한 마리 양을 찾아

외로운 섬 등대지기
찾아오는 배도 없는데
그래도 행여나 나타날까
마음 졸이며 눈물로 밥을 짓고
심정의 불을 밝혀
문 열어 놓고 기다린 세월
피와 살을 녹여 만든
촛불이 다 할 때까지
언젠가는 내 품으로 돌아오겠지
세상아 너희가 하늘을 아느냐

아브라함의 순종

정든 고향 떠나가라 하네
천명이 약속하게도
만득자 이삭도 제물 되라 하네

소망이 없는 사막의 땅
정착하라니
삶에서 죽음으로 몰아넣는가

순종의 뜻을 살려 살아온 세월
하늘의 별과 같이 바다의 모래처럼
감당 못할 축복을 주셨네

죽고자 하는 자는 산다고
그래서 명령했던가

부처가 되는 길

세상인연 바람에 날리고
천도의 문으로 들어간다
계곡물에 죄를 씻고
세상 옷을 벗는다
살을 베고 뼈를 발라
내 몸속에 나를 버리고
부처가 되는 것을
촛불을 보고 깨닫는다

석가 탄신일

한 줄기 빛으로 세상에 오셔서
중생의 업보 벗겨 주셨네

보리수나무 밑에 정좌한 머리 위에
새들이 집 짓고 새끼치기 여섯 해

죽음의 경지에서 천경을 얻고
깨달음의 길 열어 주셨네

오늘은 임의 업적 가슴에 새기고
임의 탄신 축하드리는 날

바람 모아 구름 모아 임의찬양
빗방울도 함께 하나이다

중생들의 머리 위에
단비가 내립니다 하늘에서

작품해설

애기똥풀과 사향노루 냄새

신 상 성

애기똥풀과 사향노루 냄새

신 상 성(문학박사. 서울문화예술 디지털대학 초대총장)

1. 애기똥풀과 사향노루 냄새

윤병운 시에는 애기똥 냄새가 난다.

애기똥은 어머니가 손가락 끝으로 듬뿍 찍어서 혓바닥으로 쩝쩝 맛보고 싶은 사랑과 천진한 생명력이 있다. 그리고 천 년 소나무 사이로 빗질하여 퍼져나오는 사향노루 냄새도 난다. 그의 이번 처녀 시집은 깊은 산 속에서 드물게 만나는 애기똥풀을 손바닥으로 쓰다듬으며, 어디선가 풍겨오는 사향노루의 나긋한 냄새를 남몰래 홀짝이게 하는 그런 에스프리들이다.

혼자서 깊은 산골짜기를 헤매다가 우연히 만나게 된 사향노루의 유혹적 냄새와 같다. 향수의 원료가 되는 사향노루의 사타구니 냄새는 때로 우리들을 사시나무로 떨게 한다. 클리토리스를 살살 쓰다듬는 다감한 바람은 때때로 클라이맥스 음표도 비밀스런 이미지로 넘겨준다. 이것은 윤병운만이 가질 수 있는 심연의 고백편지이며 모르스 부호의 기호학이다.

윤병운의 시는 우선, 쉽고 담백하다. 눈속임의 기교나 화려한 시위가 없다. 그냥 토속적이며 정감적이다. 또 하나의 박목월, 김소월, 프랑스 아뽈리네르의 절창을 음미하는 것 같다. 우리네 흔한 시골의 황토 담벼락을 같이 걸어가는 이웃집 아저씨 같다. 또는, 장날에 만난 초등학교 동창생 같은 오랜 불알 친구이다. '장날, 연어의 일생, 가을 전어' 등에서 우리는 현란한 도시 아파트가 아닌 시골 오지의 고향집에서 늙은 어머니가 몰래 담가놓은 밀주를 한 잔씩 나누는 깊고 따뜻한 정감이다.

동동구르무 각설이 엿장수/ 눈이 바쁘다/ 생선 전, 어물 전/ 동전 몇 잎 어림없다 // 해는 기울고 허리띠 헐렁하다/ 국밥집 아줌마 너스레 떨지만/ 오랜만에 만난 사돈영감/ 대접 못한 것이 영 서운하다 —장날

고향 땅 수 만 리 길/ 목숨 걸고 찾아와서// 산란의 기쁨도/ 가시기 전에 // 태어난 새끼 위해/ 사랑의 제물 되었네// 고향 찾아오는 길/ 험난하지만// 사랑 주고 가는 길/ 영원하리라 —연어의 일생

전어야/ 가을 전어야/ 너 때문에/ 소주잔이 뜨거워진다/ 인정을 쌈 싸서/ 웃음을 쌈 싸서/ 가을의 정을/ 한 입 먹어보련다 —가을 전어

동동구르무는 6.25 직후, 60년대를 전후한 '시대적 언어'이다. 당시, 시집 갈 시골 새 색시들이 몰래 숨겨놓은 쌈짓돈으로 하나씩 구입하던 지금의 샤넬 화장품쯤 된다. 각설

이 엿장수가 파는 동동구르무는 가짜일 수 도 있다. 그러나, 곧 시집갈 시골 처녀들은 새신랑에게 예쁘게 보이려고 거금을 주고 샀을 것이다. 그리고 윤 시인은 '장터에서 만난 사돈영감에게 대접 못한 것이 영 서운하다' GNP가 약 500 달러도 안 되던 5-60년대 극빈의 시절, 시골 장날의 풍광이다. 가난했지만 시골 인심은 풍부했다.

'목숨 걸고 찾아온, 고향 땅 수 만 리 길' 연어와 같이 사랑을 주고 다시 가야 한다' 거나 '가을 전어'에서는 '가을 전어야, 너 때문에, 소주잔이 뜨거워진다'며, 인정을 쌈 싸서, 웃음을 쌈 싸서, 가을의 정을 한 입 먹어보자고 노래한다. 이렇게 윤 시인은 박목월의 고향 집같이 다정다감하게 고향집의 속 살결을 보여준다. 아뽈리네르의 세느강 가를 천천히 걷는 따뜻함이다. 이러한 본능적 고향에 대한 그리움은 그의 '고향'이란 유사 제목의 많은 시에도 한결같이 불러보는 '흘러간 옛 노래'이다.

'망월산, 망월산아/ 네 이름이 희망이냐/ 산 넘고 강을 건너/ 망월산에 올라보니 백마강 푸른 물이/ 뱃노래를 불러주고/ 증혜사 목탁소리/ 가슴 속에 저며오네

무량골 무량골은/ 내가 살던 고향인데/ 옛 마음 어디 가고/ 옛 사랑은 어디 갔나/ 돌아온 고향인데/ 정든 사람 가고 없고/ 수수밭 새소리만/ 나를 울려주는구나

그는 '나의 고향' 연작 시 형태에서 고향에 대한 본능적 간절함을 보이고 있다. 김구부시인은 그의 [문에게 길을 물어] 수상집에 '고향은, 고향을 지키는 자에게는 낙원이 되지만, 고향을 갈 수 없는 자에게는 최후의 성지(聖地)이다.' 라는 명언을 남겼다. 문득 어머니가 들려주던 아련한 자장가의 한 소절 속에 우리는 늘 그렇게 살아오고 있는 것이다.

이제 우리는 GNP 약 3만 달러를 바라보는 세계 9대 경제대국이 되었다. 개인이나 국가나 부자가 될수록 인정은 더욱 가난해져 가고 있는 것 같다. 가난한 정도가 아니라 냉혹해졌다. 최근 지하철에서 젊은이들이 할아버지 뻘 되는 노인에게 삿대질을 하면서 손찌검까지 하는 동영상 TV를 보면서 잔인하다는 생각을 지울 수가 없다. 물론 일부 청년들의 막돼먹은 행태이겠지만 이럴수록 윤 시인의 이런 시어들은 시대차이, 세대차이도 있겠지만 근원적 '인간성'이란 주제로 가슴에 와 닿는다.

얼마 전, 분당 시내버스에서 어느 예비역 장군이 청년과 몸싸움을 벌이다가 경찰서에까지 끌려가게 되었다. 노인석에 재빨리 얌체같이 먼저 차고 앉은 청년을 나무라다가 오히려 그 청년이 폭행이라며 휴대전화 112로 경찰을 호출한 것이다. 버스는 강제로 세워지고 소동이 벌어졌다. 더욱 문제는 관할 경찰서에서조차 그 장군에게 '현행 폭행범이며 체포한다' 며 일방적으로 조서를 꾸민 것이다. 그 장군은 바로 내가 가까이에서 존경해 오던 분이다. 그 경찰관은 그렇게 하지 않으면, 젊은이들의 인터넷에 몰매로 얻어맞는다는 것이다. 무서운 세상이다.

2. 개성적 기호학과 회화적 이미 저리imageary

윤병운은 자기만의 개성적 기호학의 부호를 가지고 있다. 그 기호학은 '존재론적 음양론의 가치관'을 나름대로 그의 우주적 영토로 분할하여 '윤병운 철학성' 부대 깃발을 꽂아 놓았다. 그의 회화적 음양론은 다양한 화학적 반응을 일으켜 이 세상에 특유의 땀 냄새와 무지갯빛 포말을 뿌리고 있다. 특유의 이미지이다. 때로, 탁월한 이미저리imageary 붓 필로 우리를 매혹시킨다.

햇빛에 붓 적셔 붉게 칠하고/ 하늘에 붓 적셔 파란색 칠했나/ 세상에 없는 색깔이어라 ...// 그리도 부끄러운가 붉은 궁둥이/ 순결을 지킨 홍도인가 / 천상의 깊은 맛에 취해 버렸다 -황도 복숭아

진달래 꽃 이불/ 산자락에 깔아놓고// 붉은 이불/ 산 마루에 깔아놓는다 // 언 땅 녹여서/ 꽃 이불 만들고// 지는 해 붙잡아/ 붉은 이불 만들었다 -봄 처녀

태양을 떠다가 붉은 물 들이고/ 구름을 떠다가 노란 물 들인다// 세월을 녹여서 추억을 만들고/ 바람을 흔들어 노래를 만든다// 단풍에 젖은 산이 취해서 울면 // 옛 마음 불러본다 가슴 시린 사연을 - 단풍

'황도 복숭아'에서 복숭아의 이미지를 우주적으로 묘사했다. '햇빛에 붓 적셔 붉게 칠하고, 하늘에 붓 적셔 파란색 칠 했나'고 비유했다. 노랗고 붉은 복숭아의 볼 빛을 '햇빛에 붓 적시고, 하늘에 붓 적셨다는 개성적 표현은 윤 시인만이 가질 수 있는 특허 기호학가 아닐 수 없다. '부끄럽고 붉은 궁둥이'가 하늘의 순결도 지켜내는구나!

'봄 처녀'에선 새 봄을 맞는 숫처녀로서 '진달래 꽃 이불, 산자락에 깔아놓고, 붉은 이불은 산 마루에 깔아놓고' 새 신랑을 기다린다. 금년의 새신랑은 어떤 사람일까? 가슴이 설렌다. 그래서 처녀 가슴으로 '언 땅을 녹여서, 꽃 이불도 만들고, 자꾸 넘어가는 석양 해도 붙잡아서 붉은 이불을 만들고 싶다' 정갈하고 뜨거운 봄 처녀가 아닐 수 없다.

'단풍'에선 누에고치 같은 시어들을 뽑았다. 이 싯귀들을 어금니로 음미하면 오금이 저린다. '태양을 떠다가 붉은 물 들이고, 구름을 떠다가 노란 물 들인다' 그리고 '세월을 녹여서 추억을 만들고, 바람을 흔들어 노래를 만든다' 그리하여 단풍에 젖은 산이 취해서 울면, 아아, 나는 '가슴 시린 옛 마음 불러볼 것이다' 하고 간절한 사랑을 불러보는 절창이다.

어떻게, 복숭아를 보고 '햇빛에 붓 적셔 붉게 칠하고, 붉은 궁둥이'라고 연상할 수 있을까? 또한, 단풍을 보고 '태양을 떠다가 붉은 물 들이고, 바람을 흔들어 노래를 만들 수 있다' 하고 이미지를 따올 수 있을 것인가? 누구나 할 것 같으면서도 누구나 할 수 없는 회화성 기호학이다. 윤병운의 이런 싯귀에 이르면, 정지용의 '유리창' 같이 한국어의 아름다움이 이렇게도 에메랄드 같이 빛나는구나! 하는 또 하나의 충격을 받게 된다. 이런 부분에서 윤병운은 탁월한 시인이 될 수 있다. 앞으로, 한국시단에서 진주보석 같은 시인으로 기대해 볼 만하다.

그의 시에는 시조형식의 3-4 조의 전통 가락과 음악성도 숨어 있다. '할미꽃' 제목의 유사 연작 시들이나, 자연풍광을 읊은 '송은사 새벽' 등의 시에는 음악적인 반복성이 있다. 각 연, 미운(尾韻) ~네, ~리, ~요 등이 리듬을 타고 있어서 더욱 즐겁다.

바람 혼자 흔들고 있네/ 선한 기쁨 전하려나/ 동쪽 하늘이 붉어져 오네/ 태양은 새 하늘을 열고/ 내 가슴속에 사무쳐 있네/ 가는 곳마다/ 뜨거움을 안겨주라고

-송은사 새벽

이렇게 '흔들고 있네, 붉어져 오네, 사무쳐 있네' 하고, 그림 같은 회화성도 있으면서 음악성, 토속성이 있어서 엄마 품같이 더욱 친 군하고 따듯하다. 시의 생명감은 이미지와 리듬감이다. 특히, 몇 년 전부터 전국적으로 불길 같이 번지고 있는 '시 낭송회'는 이런 면에서 음악성이 더욱 필요한 것이다.

3. 긍정적인 삶과 장돌뱅이 기질 그리고 가족

윤병운의 심연 저 밑바닥에는 가족이 있고, 더 밑바닥에는 일찍이 29세에 사별한 어머니가 숨어 있다. 그래서, 그는 어려서부터 '근원적인 사랑'에 굶주려 있었으며, 가난에 짓눌려 살아왔다. 지난한 고통 속에서 '장돌뱅이' 기질로 거친 세상의 갈대숲을 헤쳐오지 않으면 안 되었다. 그것이 오히려, 지금의 그를 잡초 같은 근성으로 키웠으며, 결혼 이후 가족을 더욱 돈독하게 만들어 주는 문화체험이 된 것이다. 그러면서 그는 세상을 긍정적으로 보려고 노력하고 있다.

저녁노을에 묻어 놓았나/ 황혼이 물들면 생각이 나요//...정을 주던 빈자리 가슴에 묻고/ 석양 따라 가버린 추억/ 노을 앞에 불러봅니다 어머니!

-정을 주던 빈자리

'어머니 기일'에서 그는 이렇게 통곡한다. '54년 전 소낙비 내리던 여름, 철모르고 마당에서 뛰어놀던 날, 29세의 젊은 나이로 엄마는 그렇게 가셨어요...엄마라고 부를 수 있는 이름만 남겨놓고서, 세찬 바람 혼자서 감당하라고, 엄마 보고 싶어요!' 그는 계속 소리친다. '작은 가슴에 눈물 보이기 싫어서 살며시 바람 따라 가버린 추억입니다. 차가운 세월 지나고 나서, 품 안의 온기를 더듬어 봅니다. 철없이 마당에서 뛰어놀던 날, 엄마라는 이름만 남겨 놓고서'

어머니는 떠나갔습니다.

그러나 이제는 이렇게 떳떳하게 어머니 앞에 설 수 있습니다. 손주들도 줄줄이 건강하게 자라고 있습니다. 어머니 그리고 아버지!' 그리고 또 아내, 경미에게, 정은이' 등 이름을 거명하며 남편으로서, 오빠로서, 아빠로서 지극한 사랑을 심어놓는다.

가던 길 돌아보면/ 엿 목판 두들기는/ 장돌뱅이 아니더냐// 바람에 실려온 낙엽처럼/ 구름에 실려온 빗물처럼/ 운명 앞에 모여든 사람들// 그래도 웃음이 있어 오늘이 즐겁지 않은가 -장돌뱅이 인생

어둔 밤 한 줄기 빛이어라/ 영원히 지지 않는/ 사랑의 꽃이어라// 세상에 없는 마음을 가지고 있는 자/ 천 년을 간직할 불변의 마음이어라// 그 마음 어둠을 밝히는/ 희망의 등불이 되리라/ 네가 있어 내가 행복하고/ 나는 빛나는 태양 되리라 -사랑하는 아내

춤추는 나비였었나/ 순백의 목련이었나/ 잔잔한 미소에/ 파도가 웃는다/ 어둠이 사라지고/ 보름달 다시 뜨면/ 목련의 미소를/ 나비 등에 실려 보냈으면 -정은이에게 1

그는 '기쁜 날'에서 스스로에게 다짐하고 또 다짐한다. 세상살이가 어찌 쉽겠는가? 더구나 엿장수, 장돌뱅이 못해 본 짓이 없을 정도로 손바닥에, 심장 바닥에 금이 가고 핏줄이 터졌다. 그래도 가족들을 위해 살아내야 한다. '꽃피는 봄날에 벌 나비 되어 봐라, 생명의 씨앗 만들 수 있도록,

비가 오거든 사랑의 우산이 되어봐라, 해맑은 미소를 만들 수 있도록, 오늘이 기쁜 날인 것을 이제야 알았다.' 그는 긍정적이다. 어떤 마귀할멈의 쇠 갈쿠리가 머리를 후려쳐 낸대도 견뎌낼 수 있다.

아내에게도 절실하게 고백한다. '당신이 오셔서, 봄이라는 것을 알았습니다. 당신은 훈풍이 되어 때 묻은 가슴을 벗겨주고, 당신은 단비가 되어 찌들은 내 생각을 씻어 줍니다.' 아내에 대한 지극한 사랑과 헌신을 보여준다. '웃음을 잃어버린 당신' 에서는 '이 세상 사랑이 아무리 좋다 해도 당신 눈물의 자리보다 못함을 알았고, 부귀영화의 꽃다운 길도 불쌍한 하늘의 품속만 못함을 느꼈습니다' 고 아내에게 고백한다.

'정은이'에게서 '춤추는 나비였었나, 순백의 목련이었나' 숨 막히는 정은이었다. '정은이에게 2'에서도 반복적으로 부른다. '순백의 목련이 눈짓할 때 햇님도 부끄러워 구름속에 숨어버렸나, 잔잔한 미소에 별들이 웃는다. 어둠이 없는 세계에서 희망의 아침이 되어본다. 천년송 그 마음 가슴에 묻고 시련의 강물 감싸줄 바다가 되리라' 고 다짐도 한다.

4. 월적 종교철학

윤병운은 건강한 초월적 종교철학을 가지고 있다. 기독

교, 불교, 도교 심지어 전통적 토테미즘 사아도 함유되어 있다. 이런 다종교성은 언뜻 사이비 같기도 하지만 또 다른 측면에서 보면, 포용적 아폴리즘이다. 즉, 현대종교와 같이 배반적 갈등이 아니라, 서로 상대방의 종교와 사상을 포용하고 조화해 나가야 하는 것이다. 우선, 첫 번째 그의 '기독교적 사랑과 은혜'의 노래를 들어보자.

의인으로 부름 받고/ 방주를 짓던 날// 뜨거운 햇살에/ 세상의 비웃음 되고// 백이십 년 긴 세월에/ 뼛골마저 삭아 가는데...// 산 자와 죽은 자의 자리가/ 순종에서 시작되는 것을 -의인 노아 방주

'성탄절 기도'에서는 '주님, 나로 하여금 많은 사람이 행복의 웃음꽃을 피우게 하소서, 주님, 이웃을 사랑하라는 당신의 뜻을 실천하는 하늘의 효자가 되게 하소서, 아브라함의 순종으로' 주 예수 그리스도에게 바치는 간절한 소망이다. 그리고 소탈한 나눔의 실천이다.

세상인연 바람에 날리고/ 천도의 문으로 들어간다/ 계곡물에 죄를 씻고/ 세상 옷을 벗는다/ 살을 베고 뼈를 발라/ 내 몸속에 나를 버리고/ 부처가 되는 것을/ 촛불을 보고 깨닫는다 -부처가 되는 길

두 번째는 '불교적 자비와 깨달음'의 길이다. '내 몸속에 나를 버리고 부처가 되는 것을, 혼자 타오르는 촛불을 보고 깨닫게 된다. 과연 그의 깨달음이 어디까지인지는 몰라도

다만, 불교적 자성'(自醒)을 하려고 노력한다는 그 자체가 중요한 것이다. 홀로 타는 촛불을 우리도 가만히 들여다보자. 자신의 자성을 보자.

'석가 탄신일' 에서는 '보리수나무 밑에 정좌한 머리 위에 새들이 집 짓고 새끼치기 여섯 해. 죽음의 경지에서 천경을 얻고, 깨달음의 길 열어주셨네... 바람 모아 구름 모아 임의 찬양 빗방울도 함께 하나이다' 촛불에서 빗방울에서 다시 구름으로 그는 나름대로 고뇌하고 있는 것 같다.

세 번째는 도가적이며 전통 직인 은유도 있다. '허송세월' 에서 그는 스스로 갈등을 겪는다. '고기도 없는데, 그물도 없는데, 빈 배에 홀로 서서, 석양이 지는데도, 노인은 혼자서 있네! 세월을 잡을 건가, 서산에 걸린 해가 급하다고 하는데 젖은 옷은 언제 말리나?' 그리고 '욕심'에서는 '청산에 욕심을 묻고, 구름 위에 자고 왔는가, 마음이 그리도 가벼우네, 평생 가꾼 사랑 하나 가지고 하늘나라 갈 바엔 사랑이나 실컷 뿌려볼 걸, 공연한 욕심으로 세상만 울렸네' 대오 각성한듯한 면도 보인다.

단군님 오시여 제사하시던 곳/ 그 많은 고난 속에 하늘길 열고/ 이 백성 탄생시키신 그 업적/ 길이 찬양하리라// 흰옷 입은 백성 길으시고/ 하늘 섬기는 민족 만드시어/ 신천지의 새 세상을 출발하신 곳/ 영원히 그 업적 찬양하리라

'강화 마니산'에서는 전통적 토테미즘 사상도 보여준 것이다. 이와 같이 윤 시인은 기독교적, 불교적, 도교적 가치관과 종교철학적인 초월성도 가지고 있었다. 다소 서투른 언어와 몸짓도 엿보이지만 그래도 이런 폭넓은 사유와 고뇌는 그의 시를 사상적으로 더욱 깊고 풍요롭게 만드는 자양분이 된 것이다.

마지막으로 그의 시 전체에 흐르는 기본적인 주제성은 결국 '자기 자신의 긴 깨달음' 긴 과정의 하나이다. 예컨대 '인생' 이란 그의 제목의 시 제목에서 그의 속내 음을 가려보자. '고향 언덕 염소들이 풀 향기에 젖어 뛰어놀 때 나도 순이랑 같이 뛰었다. 콩 껍질 속에 두 조각 콩처럼 우리는 둘이지만 하나였었다. 비가 오면 같이 젖었고, 눈이 오면 같이 맞았다, 같이 병들고 같이 울었다. 그런데 갈 길은 달랐다. 이것이 인생이었나'

무릎을 치면서 스스로 결론을 내린다. 어찌 '인생'이 순이와의 길만 있었겠는가? 그는 '하늘 가는 길을 찾아라'에서 '그리도 바쁘게 갈 데가 있는가? 가고 보면 거기가 여긴데, 어둠에서 바쁜들 원망만 쌓여가네, 가야 할 길을 모르면서 새벽 길 걸어본들 찬 서리 뼛골에 스미는데, 태양도 없는 길을 어쩌자고 가는가?' 결국, 윤병운일 수밖에 없는 '애기똥풀과 사향노루 냄새'이다.

한국인들은 전 세계에서 유난히 시를 사랑하는 민족이다. 월간지는 물론, 일간, 주간 신문에도 시 발표 지면을 할애하고, 지하철 벽면에까지 시를 게시하는 국가는 사실 드물다. 엿장수 시인도 있고, 해녀, 의사, 경찰관 시인들도 있다. 전 국민이 시를 끔찍이 사랑하거나 시를 쓰는 셈이다. 전국의 문협지부나 인터넷 상의 문학 동아리들까지 훑어보면 수백 개에 이른다. 우리 민족은 고유의 '아리랑'을 상징하는 노래꾼, 노래패들이다.

최근에 중국에서 '아리랑'도 자기들 것이라며 유네스코에 등재하려는 황당한 일도 있기만 어쨌든 우리는 아리랑, 도라지, 강강수월래 박자만 나와도 어깨춤이 절로 난다. 시와 노래와 낭만을 사랑하는 멋있는 민족임에 틀림없다. 특히, 해외에 나가보면 '한국과 한국인'이라는 사실이 얼마나 대견한지 모른다. 더구나 한국문화는 우주 성을 띈 보편적 개성의 문화이다.

'한류'는 새로 만들어진 것이 아니라, 그냥 원래의 우리 것이다. 2천년을 전후하면서, 서양문화가 퇴색하고 동양문화가 새로운 가치로 주목받기 때문에 유난히 들썩이는 것 뿐이다. 다만, 프랑스 한복판에서까지 소동을 벌일 정도로 뜨고 있는 우리 문화를 지속적으로 연구 개발해야 한다.

윤병운 시인의 이번 시집 전체에 흐르는 4가지 특징을 분석해 보았다. '애기똥풀과 사향노루 냄새'가 그의 특징적 기호학 부호와 냄새이다. 우선, 첫째, 천연의 애기똥풀과 깊은 산골짜기 천 년 소나무 솔잎 사이에서 빗질하며 불어오는 사향노루 냄새가 난다. 들째, 개성적 기호학과 회화적 이미 저리 imageary가 탁월하다. 셋째 긍정적인 삶과 장돌뱅이 기질 그리고 가족들에 대한 지극한 애정과 헌신이다. 넷째. 건강한 초월적 종교철학이 그 중심적 핵심을 이루고 있다.

결론적으로, 윤병운은 드물게 보이는 시인이다. 아직도 빈틈이 있고, 설익은 단어의 나열과 반복성이 다소 거슬리지만, 앞으로 길게 보아서는 큰 나무가 될 것이다. 더욱 분발하기 바란다. 이러한 독특한 특성은 한국시단에서 백두대간 태백산맥 줄기에 윤병운도 우뚝 서게 되었다는 점이다. 앞으로 유난히 윤병운의 다음 시집을 기대해 본다.

2011. 6. 25 날. 뚝섬유원지 굴뚝 카페에서

(끝)

시 루 떡

인쇄 2011년 7월 5일
초판1쇄 발행 2011년 7월 7일

지은이 윤병운
펴낸이 양상구
편 집 김초롱
펴낸곳 도서출판 채운재
주 소 서울시 중구 충무로2가 49-8(서울빌딩 202호)
전 화 02-704-3301
팩 스 02-2268-3910
핸드폰 010-5466-3911
이메일 ysg8527@naver.com
정 가 10,000원

ISBN: 978-89-93829-26-6 (03800)